Hazrat Mirza Ghulam Ahmad · Offenbarung

OFFENBARUNG

VISION

WAHRTRAUM

von
Hazrat Mirza Ghulam Ahmad

VERLAG DER ISLAM

Impressum

VERLAG DER ISLAM
Frankfurt/Main
Babenhäuser Landstraße 25

Aus dem Englischen übersetzt
von Hadayatullah Hübsch und Tariq Habib Guddat
Gesamtherstellung: Stowasser, Werdorf

ISBN 3-921458-71-4

Printed in Germany

Die Wirklichkeit der Offenbarung

Der Verheißene Messias

(Friede sei auf ihm)

Erstes Kapitel

Über Menschen, die manchmal Träume oder Eingebungen haben, die erfüllt werden, aber keine Beziehung von Bedeutung zu Gott pflegen, keinerlei Anteil an dem Licht aufweisen, das jenen gewährt ist, die eine Verbindung mit Gott haben, und deren weltliches Selbst weit weg ist vom göttlichen Licht und somit versäumt, eine Verbindung mit diesem zu bewirken

Man muß wissen, daß Gott, wo doch der Schöpfung der Menschheit das Ziel zugrunde liegt, daß sie ihren Schöpfer anerkenne und im Ausüben des Glaubens an die Existenz und an die Eigenschaften Gottes einen sicheren Standpunkt erreiche, das menschliche Gehirn gestaltet hat, indem Er ihm einerseits die Qualität der Vernunft verliehen, die es dem Menschen ermöglicht, die Schöpfung der Allmacht Gottes zu erschauen, in die Tiefe der feinen Offensichtlichkeit perfekter göttlicher Weisheit in jedem Teilchen des Universums einzudringen und zu der großen Bedeutung der vollendeten Ordnung, die im kosmischen Schema liegt, zu gelangen. Dann kommt man mit voller Einsicht zu jener Tatsache, daß diese riesige Maschinerie von Himmel und Erde nicht ohne einen Schöpfer existieren kann, sondern tatsächlich ein Schöpfer da sein muß. Und andererseits wurde der Mensch mit einem spirituellen Sinn und spirituellen Qualitäten dahingehend ausgestattet, daß diese die Fehler und Mängel, die eine Folge der Handlung bloßer Vernunft sind, bei der Erkenntnis Gottes beheben sollen. Denn offensichtlich kann die Vernunft allein nicht zur vollen Würdigung des Allmächtigen Gottes führen, weil die intellektuellen Kräfte, mit denen der Mensch beschenkt wurde, nur soweit gehen, daß sie, nachdem sie die Dinge des Universums und die Festigkeit und Perfektion ihrer Organisation geschaut haben, erklären, daß da ein Schöpfer des Universums voller Weisheit sein muß und dieser viele Wahrheiten verkörpert.

Nicht mit diesen Kräften ist es zu erklären, daß jener Schöpfer wirklich existiert. Ehe das Menschheitswissen nicht den Punkt erreicht, wo man die Wahrnehmung machen kann, daß solch ein Schöpfer besteht, kann das Wissen einer bloßen Notwendigkeit eines Schöpfers nicht als Wahrnehmung der ganzen und vollständigen Wahrheit bezeichnet werden. Die Erklärung, daß es einen Schöpfer geben muß, kann nicht auf gleiche Ebene gestellt werden mit der Erklärung, daß der Schöpfer, dessen Notwendigkeit rational angenommen wurde, in Wirklichkeit existiert. Deshalb heißt es für die Sucher der Wahrheit, damit sie ihre spirituelle Suche auf eine Ebene der Vollendung erheben mögen und damit das natürliche Verlangen in ihrem natürlichen Wesen nach einer Stufe der Perfektion in ihrer Wahrnehmung Gottes gestillt werde, daß die Notwendigkeit besteht, neben intellektuellen Kräften genauso spirituelle Kräfte aufzuweisen, so daß diese spirituellen Kräfte, wenn sie in Gang gesetzt werden und nichts sie blockiert, fähig sind, das Gesicht des wahren Geliebten mit solcher Klarheit sichtbar zu machen, wie intellektuelle Kraft allein Sein Gesicht nicht enthüllen kann. Der liebenswürdige und mitleidvolle Gott hat demzufolge, genauso wie Er die menschliche Natur zum Hungern und Dürsten nach seiner vollen Erkenntnis veranlaßt hat, um den Menschen die Ebene der erfüllten Erkenntnis Seiner selbst erreichen zu lassen, diesem Kräfte von zweierlei Art verliehen:

1. Intellektuelle Kräfte, die vom Gehirn herstammen und
2. spirituelle Kräfte, deren Quelle das Herz ist. Der Grad der Klarheit dieser Kräfte hängt von der Reinheit des Geistes ab: Was nicht enthüllt werden kann durch die Kraft des Intellekts, wird durch spirituelle Kraft erkannt. Diese spirituellen Kräfte haben in sich nur empfangende Qualität, d.h. sie entwickeln eine Klarheit, daß die Gaben des großzügigen Gottes in ihnen reflektiert werden. Für sie ist es wesentlich, bereit zu sein, göttliche Gaben zu empfangen. Es sollte keine Blockierung und kein Schleier dazwischenliegen, so daß sie die Segnung einer vollständigen Wahrnehmung des Göttlichen Seins erlangen mögen. Diese Realisation sollte nicht damit aufhören, die weise Einsicht zu äußern, daß es einen Schöpfer dieses Universums geben muß: vielmehr sollten diese Kräfte die Wohltat göttlicher Kommunikation aufweisen, und indem sie Zeugen Seiner großen Zeichen sind, sollten sie fähig sein, Sein Gesicht zu sehen, und mit dem Auge der Gewißheit beobachten, daß jener Schöpfer tatsächlich existiert. Weil aber die spirituelle Ausstattung der meisten Menschen nicht frei ist von einem dazwischenliegendem »Schleier«, und weil weltliche Gier und Gefühle von Stolz und Verachtung, Einbildung, Heuchelei, Selbstsucht und niedrige moralische Werte und vorsätzliches Versäumnis oder Unschlüssigkeit beim Ausführen der Pflichten gegenüber Gott und den Menschen und willentliches Abwenden vom Kurs der Ernsthaftigkeit und Standhaftigkeit und der feinen Beziehung der Liebe und der Treue und vorsätzlicher »Boykott« der Allmacht Gottes, weil all diese Übel sich in den meisten Menschen wiederfinden, sind deren Naturen in Anbetracht der Wirkung verschiedener »Verschleierungen«, Stockungen und Blockierungen nicht empfänglich für die

Gabe des wertvollen Geschenkes der göttlichen Gemeinschaft, die ein Teil des Lichtes und der Segnung ist, jenen gewährt, die in den Augen Gottes angenommen sind.[1)]

Die ewige Gabe Gottes jedoch, die den Verfall der menschlichen Natur nicht erlauben würde, hat in die meisten Individuen wie durch eine Saat den göttlichen Brauch eingepflanzt, daß sie von Zeit zu Zeit wahre Träume und wahre Inspiration erfahren, auf daß sie wissen sollen, daß da ein Weg zum Vorwärtsschreiten offensteht.

Aber in ihren Träumen und Eingebungen gibt es weder Zeichen göttlicher Anerkennung, göttlicher Liebe oder Gnade, noch sind solche Menschen von den niederen Wünschen gereinigt. Sie erfahren Träume, so daß sie einen Grund haben könnten, den Glauben an die Wahrheit der Heiligen Propheten Gottes zu bekennen. Wenn sie aber gänzlich ausgeschlossen wären vom Verständnis der wirklichen Bedeutung wahrer Träume und Eingebungen, wenn sie in diesem Bereich kein Wissen von fester Überzeugung gehabt hätten, dann könnten sie Gott die Entschuldigung entgegenbringen, daß sie nicht fähig waren, die große Bedeutung des Prophetentums zu verstehen, weil sie in diesen Bereich keinerlei Einweihung erhalten hatten. Sie könnten sagen, daß sie sich des Phänomens des Prophetentums überhaupt nicht bewußt waren, weil es nichts in ihrer Natur gab, wodurch sie hätten verstehen können, und deshalb könnten sie das Mysterium, das dem Prophetentum zugrundeliegt, nicht enträtseln. Daher ist von Anbeginn der Welt die göttliche Handlungsweise so gewesen, daß gewöhnliche Menschen, egal, ob gut oder schlecht, ob Fromme oder Sünder, ob sie eine wahre oder eine falsche Religion ausüben, dazu gebracht werden, in gewissem Grade Muster wahrer Träume und Inspirationen zu erfahren, auf daß Glaube oder Vermutung, falls diese nur aus der Tradition oder vom Hörensagen hergeleitet sind, sich zu einer Überzeugung entwickeln können, die auf gründlichem Wissen[2] fußt, und daß sie innerhalb ihrer Persönlichkeit ein greifbares Beispiel haben, das zu ihrem spirituellen Wachstum beitragen kann.

Um dieses zu erreichen, hat Gott in seiner Weisheit das menschliche Gehirn dementsprechend gestaltet und hat dem Menschen spirituelle Kräfte verliehen, die es ihm ermöglichen, Träume, die in Erfüllung gehen, zu sehen und wahre Eingebungen zu erhalten. Aber diese wahren Träume und Inspirationen sind kein Anzeichen für spirituellen Rang oder Größe. Sie stellen nur Beispiele dar und sind Wegweiser auf dem Weg der spirituellen Entwicklung. Wenn es etwas gibt, worauf sie hindeuten, dann nur, daß so jemand eine richtige Veranlagung besitzt, vorausgesetzt, daß er nicht zu einem schändlichen Ende durch physische Wünsche getragen wird. Solch eine Natur kann bezüglich progessiver Entwicklung im spirituellen Bereich als fähig betrachtet werden, unter der Voraussetzung, daß da keine »Verschleierung« oder Blockierung dazwischentritt.

Ein Beispiel hierfür ist ein Stück Land, von welchem man weiß, daß darunter ein Wasservorrat liegt, dieses Wasser sich aber unter dem Gewicht vieler Schichten Erde befindet, die mit den verschiedensten Formen von Schlämmen vermischt ist, so daß das klare, süße, trinkbare Wasser nicht gewonnen werden kann, ohne die Erde mehrere Tage lang in harter Arbeit abzutragen. Deswegen ist es größte Torheit und Mißgeschick, anzunehmen, daß das Höchste an menschlicher Errungenschaft in spiritueller Hinsicht auf der Stufe endet, wo man die Erfahrung eines wahren Traumes oder wahrer Inspiration machen darf.

Es gibt andererseits viel mehr Anforderungen und Bedingungen für spirituelle Größe, und solange diese nicht verwirklicht sind im eigenen spirituellen Bereich, sind diese Träume und Eingebungen zu betrachten, als seien sie nur als eine »Probe« vom Allmächtigen Gott gemeint gewesen. Mögen alle spirituellen Weggefährten gewappnet sein gegen das eigene schädliche Potential!

Jeder der wünscht, eine Erfahrung der Eingebung zu bekommen, sollte dabei beachten, daß es zwei Arten der göttlichen Offenbarung gibt: *Wahi-ul.ibtila*, i.e. Offenbarung, die als »Probe« gemeint ist und *Wahi-ul-istifa*, i.e. Offenbarung, die als Selbstreinigung gemeint ist. Die Offenbarung auf dem Weg der »Probe« wird manchmal zur Ursache für jemandes Verfall: Der Sturz von Bal-am war jener Ursache zuzuschreiben. Eine Person jedoch, die im Genuß der Offenbarung der Selbstreinigung steht, fällt nicht in Ungnade. Die Offenbarung in Form einer »Probe« erlebt auch nicht jeder, weil es Menschen gibt, deren spirituelle Werte so sind, als existierten sie nicht (so wie in der physischen Welt ein Baby stumm und taub oder blind geboren wird), und gerade so, wie der Blinde weitergehen kann unter der führenden Hand eines anderen, machen es diese Menschen. Dank des allumfassenden Beweises gibt es keine Möglichkeit für sie, die Wahrheit des Phänomens der Offenbarung zu leugnen. Sie können nicht sagen, alle Leute seien »blind« wie sie selbst. Ein blinder Mann kann nicht rechtmäßig behaupten, daß jene, die sehen können, einer Lüge schuldig sind, wenn sie für sich in Anspruch nehmen, in Besitz der Sehkraft zu sein, noch kann ein Blinder, nur weil er nicht sehen kann, leugnen, daß tausend andere Augen zum Sehen haben. Denn ihm ist bewußt, daß Menschen von ihren Augen Gebrauch machen und Aufgaben erfüllen können, die er nicht erfüllen kann. Hätten jedoch zu irgendeiner Zeit nur Blinde die Erde bewohnt und kein einziges Individuum mit dem Geschenk sehender Augen wäre darunter gewesen, dann hätten die Blinden bei dem Argument, daß zu einer bestimmten Zeit in der Vergangenheit nur Menschen mit Sehvermögen auf der Erde geboren worden seien, genug Gelegenheit, zu leugnen und die Behauptung zu disputieren. Ferner scheint es mir, daß die blinden

Disputanten die Debatte gewinnen würden, da einer, der die Vergangenheit zitiert, aber unfähig ist, den Beweis menschlicher Qualitäten und spiritueller Größe, auf welche er Anspruch erhebt, in der Gegenwart zu erbringen, und der behauptet, daß diese spirituellen Werte und Potentiale nicht in der Gegenwart oder Zukunft gefunden werden, sondern daß sie in der Vergangenheit verlorengegangen sind, sich im Falle von Nachforschungen oder Erkundungen als Lügner herausstellen würde. Denn wenn der großherzige Gott der physischen Natur der Menschheit Fähigkeiten wie das Sehen, Hören, den Geschmackssinn, Tastsinn, die Erinnerung und das Denkvermögen verliehen hat, und diese bis zum heutigen Tag in menschlichen Individuen gefunden werden, wie kann man sich dann vorstellen, daß die spirituellen Eigenschaften, die der Mensch in früheren Zeiten besaß, nun plötzlich verschwunden sein sollen, ungeachtet der Tatsache, daß diese Eigenschaften sehr wesentlich für die ganze Entwicklung des Menschen selbst sind? Und wie kann man solch eine Verleugnung machen, wenn die eigene Beobachtung es erweist, daß sie nicht ausgelöscht wurden? Das würde zeigen, wie weit entfernt von der Wahrheit solche Religionen sind, die anerkennen, daß die physischen und intellektuellen Möglichkeiten des Menschen heutzutage die gleichen sind wie früher, aber bestreiten, daß spirituelle Fähigkeiten im Menschen heute so gefunden werden wie sie zu früheren Zeiten gewöhnlich vorhanden waren.

Unser Ziel, zu welchem wir diese Abhandlung verfassen, ist, herauszustellen, daß es für jemanden, der Erfahrung hat mit wahren Träumen und wahren Inspirationen, keinen Grund gibt, irgendeinen spirituellen Vorzug für sich zu beanspruchen, es sei denn, daß neben solcher Erfahrungen andere Zeichen vorhanden sind, auf die, so Gott will, im 3. Kapitel eingegangen wird. Das Phänomen auf dieser Stufe ist nur das Inkrafttreten eines bestimmten Hirnabschnittes, und dieses ist nicht von der Notwendigkeit abhängig, gut oder fromm oder ein Muslim zu sein oder überhaupt ein Mensch des Glaubens. Genauso wie einige Menschen wahre Träume oder Informationen auf dem Wege der Eingebung nur mittels bestimmter Hirnabschnitte erfahren, haben manche Naturen auch aufgrund dieser Hirnabschnitte eine gewisse Begabung in sich, wahre spirituelle Phänomene zu erfahren. Subtile spirituelle Suggestionen treten bei ihnen auf. Solche Leute sind jedoch geeignete Beispiele der authentischen Tradition: »Seine Zunge ist ein Gläubiger, sein Herz ein Ungläubiger.«[3] Daher ist nicht jedes einzelne Individuum befähigt, einen wahrhaftigen Anspruch zu erkennen.

Ach, leider! »Oft hat ein Teufel das Gesicht eines Menschen.« So einen laß niemals Gefolgschaft bekennen und seine Hand in die Hände von allem und jedem legen. Es sollte hierbei auch bemerkt werden, daß Träume oder Eingebungen, erfahren durch Menschen auf jener Stufe, in eine dicke Decke der Dunkelheit eingehüllt sind. Selten, wenn überhaupt, enthalten sie irgendeinen Funken von Wahrheit. Sie sind nicht durch irgendein Zeichen der Liebe oder Anerkennung Gottes gekennzeichnet. Wenn ihnen irgendeine Information über das Unsichtbare gegeben ist, teilen Millionen von Menschen solch eine Erfahrung mit ihnen. Jeder, der möchte, könnte eine Untersuchung anstellen, daß solche Träume oder Inspirationen bei jedem Sündigen, Ungläubigen oder einer vom Glauben abgefallenen Person, ja sogar beim Ehebrecher vorkommen. Also wäre derjenige kein weiser Mensch, der glücklich oder außer sich wäre, allein aufgrund einiger Traumerfahrungen oder Inspirationen dieser Art. Derjenige, der vorgibt, aufgrund seiner Erfahrungen mit Träumen oder Inspirationen auf dieser Entwicklungsstufe etwas erhalten zu haben, ist das Opfer großer Selbsttäuschung. Es sollte ferner bemerkt werden, daß ein Mensch auf dieser Stufe wie jemand ist, der in einer dunklen Nacht Rauch von einem

Feuer aufsteigen sieht, aber weder das Licht davon sehen, noch seinen Körper oder Geist damit erwärmen kann. Dies ist so, weil solche Leute keinen Anteil haben an Gottes besonderem Segen und Wohlwollen. Sie zeigen kein Zeichen göttlicher Anerkennung. Sie haben weder die geringste Verbindung mit Gott, noch brennt die Flamme des göttlichen Lichtes in ihnen die tierischen Schlacken nieder. Da sie bis jetzt nicht an eine wahre Freundschaft mit Gott gedacht haben und bis jetzt kein Stadium der Nähe zum Gnadenreichen Gott erreicht haben, steht Satan ihnen als Gefährte zur Seite. Einflüsse des physischen Egos behalten die Oberhand über sie. Genauso wie Wolken sich rundherum zusammenziehen und die Sonne dann meist versteckt bleibt und nur manchmal ein Stück von ihr zu sehen ist, verbleiben auch sie meist in der Dunkelheit und ihre Träume und Inspirationen leiden unter den Einmischungen des Teufels.

Zweites Kapitel

*Über Menschen, die manchmal Träume haben,
die in Erfüllung gehen, oder die wahre Eingebung bekommen
und die eine Beziehung zu Gott pflegen,
wenn auch nicht in einem großen Ausmaß,
und deren weltliches Selbst nicht von der Flamme
des göttlichen Lichtes verzehrt ist,
obwohl es eine gewisse Nähe zum Licht genießt.*

Man kann in dieser Welt Menschen finden, die im begrenzten Sinne für sich selbst den Weg der Reinheit und Rechtschaffenheit ausgewählt haben und dadurch — obwohl sie eine natürliche Begabung für den Empfang klarer Visionen haben und ihre mentale Ausstattung sie einzelne Träume und Visionen erhalten läßt und obwohl sie versuchen, eine Reformation in ihrem Innern zu bewirken, und auch Qualitäten von Güte und Wahrheit oberflächlichen Charakters aufweisen, durch welche das Licht wahrer Visionen und zutreffender Offenbarungen in begrenztem Ausmaße von ihnen ausgeht, sind diese Träume und Visionen nicht frei von einem Element der Dunkelheit. Einige ihrer Gebete werden sogar akzeptiert, sind aber keine Werke himmlischer Glorie, weil ihre Ehrfurcht und Wahrheit bis jetzt nicht perfekt sind, so ähnlich wie Wasser, das an der Oberfläche durchsichtig und klar ist, aber am Boden voll von Schmutz und Dreck. Und da ihre Rechtschaffenheit fehlerhaft ist und ihre Standhaftigkeit und Klarheit des Geistes in grossem Maße unvollkommen, neigen sie dazu, in Zeiten der Prüfung zu stocken. Wenn sie jedoch von Gottes Gnade begleitet sind, wenn Gottes Vergebung den Schirm absichert, der ihre privaten Fehltritte versteckt, dann kommen sie ohne Unglück durch die Welt. Wenn aber eine Prüfung auf sie zukommt, dann besteht die Gefahr, daß sie Hunden gleichen, da Satan angesichts der Mängel an Wissen und Glauben den Platz an ihrer Tür einnimmt und sofort in ihr Haus eintritt, sobald sie stolpern. Solche Leute sind fähig, das Licht aus der Ferne zu erspähen, aber sie sind weder fähig, direkt in es hineinzustreben, noch haben sie irgendeinen Anteil an seiner Wärme. Sie befinden sich im Zustand der Gefahr. Gott ist Licht, wie die göttliche Deklaration besagt: »Allah ist das Licht des Himmels und der Erde.« Wer nur die untergeordneten Effekte des Lichtes wahrnimmt, ist wie jemand, der aus der Ferne Rauch aufsteigen sieht, aber nicht den Lichtschein erkennt, den das Feuer abgibt. Er ist deswegen dieses Nutzens des Lichtes beraubt, genauso wie auch dessen Wärme, die die Schlacke der menschlichen Schwäche niederbrennt. Folglich sind jene, die sich stützen auf bloße Vernunft oder auf zweifelhaft inspirierte Argumente für einen Glauben an die Existenz Gottes, wie z. B. von Religionslehrern«, die eines spirituellen Sinnes entbehren, oder Philosophen oder anderer Menschen, die an die Existenz Gottes nur ihrer spirituellen Tauglichkeit entsprechend glauben, d. h. ihrer Begabung, wache Träume und Visionen zu erfahren, während sie nicht erfüllt sind vom Licht, welches Teil jener ist, die einen Platz in der Nähe zum göttlichen Sein genießen. So ist einer, der von der Ferne Rauch aufsteigen sieht, aber das Licht des Feuers nicht sieht und folglich zum Glauben an die Existenz des Feuers gelangt durch das Sehen von Rauch. So jemand ist der spirituellen Einsicht, die mit Hilfe des Lichtes erworben werden kann, entzogen. Derjenige, der das Licht des göttlichen Glanzes aus der Entfernung sieht, aber nicht darauf zugeht, ist wie jemand, der in einer dunklen Nacht das Licht eines Feuers sieht, das ihn auf den richtigen Pfad leitet, aber wegen der Entfernung keinen Gebrauch davon machen kann, um aus der Kälte herauszukommen. Auch kann das Feuer das weltliche Selbst in ihm nicht niederbrennen. In einer dunklen

Nacht, wenn es sehr kalt ist und von jemandem Feuer gesehen wird, wird dieses bloße Sehen des Feuers ihn nicht von der tödlichen Auswirkung der Kälte retten. Nur derjenige wird gerettet, der nahe genug an das Feuer hingeht, so daß er vom Gefühl der Kälte befreit wird. Das Merkmal eines Menschen, der Licht nur aus der Ferne sieht, ist, daß er nicht mit göttlicher Gnade gesegnet ist, obwohl einige Anzeichen in ihm gefunden werden, die zeigen, daß er sich auf dem richtigen Weg befindet. Seine beengte spirituelle Ebene, Resultat mangelnden Vertrauens zu Gott und weltlichen Wünschens ist nicht überwunden. Sein weltliches Ego ist nicht zu Asche niedergebrannt. Folglich findet er sich weit weg von der Flamme des Lichtes wieder. Er hat kein vollständiges Erbe von den Propheten und Botschaften Gottes. Etwas von seinem inneren Schmutz liegt in ihm versteckt, und seine Verbindung mit Gott ist unreif und nicht frei von Trübheit, und folgedessen befindet er sich bis dahin nicht im Schoße Gottes, obwohl er Gott in einer verschwommenen Vision in der Ferne sehen kann. Die weltlichen Wünsche, die solchen Menschen innewohnen, dringen manchmal wie Stürme in ihre Träume ein, und sie stellen sich vor, daß der Sturm vom allmächtigen Gott kommt, wobei er lediglich die Kreation ihres schlechten Egos ist. Beispielsweise hat ein Mensch vielleicht einen Traum, in dem er sich selbst sagen sieht, daß er sich nie einem bestimmten Menschen unterwerfen werde, daß er eine bessere Person ist als jene. So eine Aussage ist nur das Ergebnis von Eingebildetheit. Angesichts des aufsteigenden Sturmes des Selbstes trifft vielerlei Arten von Aussagen udn glaubt in seiner Ignoranz, daß diese Äußerungen mit dem göttlichen Willen einhergehen. Dadurch jedoch ist er in spiritueller Hinsicht verdammt. Im gleichen Maße, wie er nicht einen angemessenen Fortschritt hin zu Gott unternommen und Ihn nicht mit all seiner Macht, Ernsthaftigkeit und Treue angenommen hat, ist er nicht gesegnet durch ein volles

Maß an göttlicher Gnade. Er ist wie ein Kind, das, obwohl lebensfähig, noch nicht die embryonalen Hüllen verlassen hat, und dessen Augen noch geschlossen sind gegenüber dem spirituellen Universum. Es hat bis dahin nicht mal das Gesicht seiner Mutter gesehen, in deren Bauch es sich entwickelt hat. Entsprechend dem Stichwort »A half learned divine is a danger for one's faith« befindet er sich aufgrund seiner mangelhaften Kenntnisse über das Göttliche Sein in einem gefährlichen Stadium. Dennoch besitzen solche Menschen einiges Wissen über das spirituelle Phänomen und über die Wahrheit, aber dieses ist höchstens mit einer Milch vergleichbar, die verunreinigt ist mit ein wenig Urin oder mit Wasser, das Schmutz enthält. Ein Mensch dieser Kategorie ist ebenso wie ein Mensch aus der ersten Kategorie nicht immer gegen satanische Angriffe geschützt, obwohl seine Träume und Inspirationen schon ein wenig gesichert sind gegen das Eindringen des Satans oder gegen verderbliche Suggestionen des Egos. Aber solange Gefühle von seinem schlechten Ego an ihm kleben, ist er nicht bewahrt von Suggestionen des Egos. Die Wahrheit dabei ist, daß hohe Reinheit der göttlichen Offenbarung und Inspiration von der Reinheit des Selbst abhängt. Wer auch immer sein Selbst mit Schmutz verunreinigt hat, der hat und sei es auch geringfügig, seine Erfahrung mit der göttlichen Offenbarung verunreinigt mit einer Beimischung von Schmutz.

Drittes Kapitel

Über Menschen, die Offenbarungen vollständigster und reinster Art von Gott erhalten, die in Gunst der göttlichen Gemeinschaft und Hinwendung stehen, die Träume erfahren, die wahr und klar sind wie das frühe Morgenlicht und die eine Verbindung der Liebe mit Gott haben, welche von vollständigstem Charakter ist, die sich einen Eingang in die göttliche Liebe geschaffen haben und deren weltliches Ego verschlungen ist von der Flamme der göttlichen Liebe

Man muß wissen, daß der allmächtige Gott sehr huldvoll und gnadenreich ist. Wer sich je zu Ihm hinwendet in Wahrheit und Ernsthaftigkeit, den behandelt Er mit größerer Wahrheit und Ernsthaftigkeit. Wer zu Ihm hinschreitet mit der Ernsthaftigkeit des Herzens, ist niemals verloren. Gott der Allmächtige besitzt hohe Eigenschaften wie Liebe, Treue, Freigebigkeit, Güte und die Fähigkeit, außergewöhnliche göttliche Ereignisse in Gang zu setzen. Aber diese sind nur demjenigen ganz einsichtig, der vollkommen in Seiner Liebe aufgegangen ist. Obgleich Er sehr liebevoll und gnädig ist, ist Er doch unabhängig und bedarf keiner Person und keines Dinges. Folglich erreicht derjenige wahres Leben, der sich selbst aufhebt auf dem Weg zu Ihm, und wer alles verliert für Ihn, wird himmlisch dafür belohnt.

Solche, die eine perfekte Verbindung mit dem allmächtigen Gott eingehen, sind wie einer, der das Licht eines Feuers aus der Ferne gesehen hat und sich dem Feuer so weit nähert, bis er selbst in das Feuer hineingleitet und daher seine ganze physische Gestalt verbrennt und nur Feuer als Leben zurückbleibt. Der Mensch mit perfekter Verbindung zu Gott nähert sich Gott in solcher Weise, bis sein ganzes Selbst in der Mitte des Feuers der göttlichen Liebe ist und sein weltliches Ego in der Flamme der göttlichen Liebe zu Asche niedergebrannt und gänzlich vom Feuer ersetzt wird. Dies ist der Höhepunkt der segensreichen Liebe zwischen Mensch und Gott. Das grundsätzliche Zeichen einer vollständigen Verbindung mit dem allmächtigen Gott ist, daß göttliche Attribute sich in solchen Personen manifestieren. Niedere Moral, das Ergebnis menschlicher Schwäche, ist niedergebrannt von der Flamme göttlichen Lichtes, und ein neues Individuum ist geboren, ein neues Leben wird zur Existenz, die völlig verschieden ist vom früheren Leben. Und genauso wie ein Stück Eisen im Feuer, das von den Wirkungen des Feuers auf die Substanz beherrscht und zur feurigen Glut transformiert ist, ohne daß man behaupten könne, daß das Eisen Feuer sei, obwohl es Qualitäten des Feuers manifestiert, genauso wird der, den die Flamme der göttlichen Liebe von Kopf bis Fuß entwickelt, ein Manifestor des göttlichen Lichtes, obwohl man nicht behaupten kann, daß er Gott ist: Er ist nur ein Mensch, den das göttliche Feuer rundherum umgibt. Wenn dieses Feuer an Stärke gewonnen hat, erscheint nicht nur ein Symptom aus der Präsenz göttlicher Liebe, sondern Tausende von Symptomen, die den weisen Sucher nicht verwirren sollten; die göttliche Beziehung kann an hunderten Symptomen erkannt werden.[4)]

Unter diesen gibt es das Symptom, daß der gütige Gott gelegentlich von seiner Zunge Seine leichte, bedeutungsvolle und vornehme Rede hervorbringt, die göttlichen Glanz, Segnung und perfekte Kraft der Vorahnung über das Ungesehene in sich trägt. Diese Rede ist von klarer Brillianz, die zeigt, daß sie eine sichere Tatsache behandelt und nicht eine Sache des Zweifels. Sie trägt in sich göttliche Klarheit und ist frei von jeglichem Unrat. Sehr oft enthält solche Rede einige gewichtige Prophezeiungen. Das Feld seiner Prophezeiungen ist sehr weit, universal. Diese sind in Umfang und Qualität von einzigartigem Charakter. Niemand kann eine Parallele zu ihnen hervorbringen. Sie sind voller göttlicher Majestät; da sie von vollständiger Manifestation der göttlichen Kraft begleitet sind, enthüllen sie Gottes Gesicht. Seine Prophezeiungen sind nicht wie jene der Astrologen; denn sie enthalten Zeichen der göttlichen Liebe und Anerkennung. Sie sind voller göttlicher Hilfe und Unterstützung. Einige seiner Prophezeiungen beziehen sich auf ihn selbst, einige auf seine Nachkommenschaft, einige auf seine Gegner, einige auf die Welt allgemein und einige auf seine Frauen und Verwandten. Ihm werden Tatsachen enthüllt, die keinem anderen enthüllt werden, Türen des Ungesehenen werden ihm geöffnet, die anderen nicht geöffnet sind. Gottes Rede steigt auf ihn herab, so wie sie zu Propheten herabsteigt..., eine Rede, die bestimmt und frei von Zweifeln ist. Er ist beschenkt mit einer solchen Erhabenheit der Zunge, daß eine hinsichtlich Gehalt und Qualität unvergleichbare Rede von ihm ausgeht, welche jenseits aller Herausforderung jedwelcher Person steht. Seinen Augen ist die Kraft der wachen Vision gegeben, durch welche er die meist versteckten Nachrichten entdecken kann. Manchmal wird geschriebenes Material vor ihn gelegt. Er kann die Toten treffen, wie man Lebendige trifft. Oftmals zeigen sich Dinge, die Tausende von Meilen entfernt liegen, in seiner Sicht, als lägen sie direkt vor ihm. Gleicherweise ist seinen Ohren die Kraft gegeben, Stimmen aus dem Unsichtbaren zu hören. Sehr oft ist er fähig, die Stimmen der Engel zu hören, und in Zeiten von Sorge erhält er Trost aus ihren Äußerungen. Verwunderlich genug, aber manchmal vernimmt er Stimmen von leblosen Gegenständen, Pflanzen und Tieren.

Der Philosoph, der *Hannanah* leugnet, ignoriert das spirituelle Vermögen der Propheten. Nochmals, seiner Nase ist die Fähigkeit gegeben, Parfum aus dem Unsichtbaren zu riechen. Oft ist er fähig, Neuigkeiten über günstige Ereignisse zu »riechen«, und kann den schlechten Geruch eines unangenehmen Phänomens wahrnehmen. Von gleicher Wichtigkeit ist die Kraft der Intuition, die seinem Geist verliehen ist. Viele Hinweise, die sich verwirklichen, erreichen sein Herz. Gleichermaßen ist Satan unfähig, ihn zu beherrschen, weil der Teufel keinen Anteil an seiner Person hat. Aufgrund der Tatsache, daß er sich selbst in Gott aufgelöst hat, wird seine Zunge fortwährend zur Zunge Gottes, seine Hand zur Hand Gottes. Mag er auch keinerlei besonderes Geschenk der Inspiration gehabt haben, so kommt doch das, was je aus seinem Munde entspringt, nur von Gott, folglich wird sein weltliches Ego vollständig verzehrt, seine weltliche Existenz erleidet einen Tod und ihm wird ein neues und heiliges Leben gegeben, das immerfort Strahlen des göttlichen Lichtes reflektiert. Daher ist seiner Stirn ein bestimmtes Licht verliehen, das niemandem gewährt wird außer den Geliebten des göttlichen Seins. Bei besonderen Anlässen ist dieses Licht so glanzvoll, daß es sogar einem Atheisten möglich ist, es wahrzunehmen, vor allem in Zeiten, in denen solche Menschen verfolgt werden und sich deshalb der göttlichen Hilfe zuwenden. Dies ist ein besonderer Moment mit ihnen ... der Augenblick der Aufnahme in göttliche Gunst, wenn das göttliche Licht von ihren Stirnen scheint. Nochmals, ihre Hände und Füße und der ganze Körper ist gesegnet, wodurch sogar die Kleidungsstücke, die sie tragen, heilig werden, und sehr oft bekommt eine Berührung oder der Kontakt mit ihrer Hand die Bedeutung, daß physische oder spirituelle Mängel entfernt werden.

Gleicherweise legt Gott eine Segnung in die Häuser, in denen sie wohnen; so ein Haus bleibt geschützt vor dem Unglück — Gottes Engel halten Wache.

Gleicherweise liegt ein Segen auf ihrer Stadt oder ihrem Dorf, welche besondere Behandlung erfahren, und der Staub, auf den sie treten, ist geheiligt.

Gleicherweise nehmen die Wünsche der Menschen von solchem Rang den Aspekt einer Prophezeiung an. Wenn ein starker Wunsch in ihnen aufsteigt, zu essen oder zu trinken oder etwas anzuziehen oder zu sehen, nimmt der reine Wunsch die Art einer Prophezeiung an, und sobald ein nachdrücklicher Wunsch in ihren Gedanken aufsteigt, bringt genau die Vorausnahme der gewünschten Sache diese selbst hervor.

Gleicherweise haben ihre Anerkennung oder ihr Mißfallen die Art einer Offenbarung. Die Stärke ihrer Anerkennung oder ihres Gefallens in Bezug auf irgendeine Person wird zur Kunde über die zukünftige Bedeutung dieser Person; die Stärke ihres Mißfallens in Bezug auf jemanden wird zum Argument für dessen drohenden Abstieg und Verfall. Während sie sich in Gott verloren haben, befinden sie sich inmitten des Hauses des Wahrhaftigen Gottes, und ihr Gefallen oder Mißfallen ist das Gefallen oder Mißfallen Gottes. Dieser Zustand ist nicht erweckt durch die Eingebung des Selbst, sondern ist durch Gott selbst hervorgebracht.

Gleicherweise ist ihr Gebet oder ihre Hinwendung nicht wie die von gewöhnlichen Menschen, sondern haben eine starke Wirkung. Wenn ein Unheil keine unabänderliche Entscheidung Gottes ist und ihre Aufmerksamkeit mit all ihren Wesentlichkeiten sich für dessen Vermeidung einsetzt, läßt Gott es nicht geschehen, egal ob es eine einzige Person oder mehrere oder ein ganzes Land betrifft oder einen Herrscher, auf den das Unglück fallen sollte. Das Geheimnis davon ist, daß sie getrennt sind von ihren physischen Körpern und so wird sehr oft ihr Wille und ihre Absicht gleichgerichet zu Gottes Wille und Absicht. Wenn ihre Aufmerksamkeit stark darauf gerichtet ist, das Unglück wegzuschaffen, wenn die nötige Anerkennung in Gottes Gunst durch das Verlangen eines leidenschaftlichen Herzens erzielt wird, ist es Gottes Handlungsweise, sie zu erhören, und so kommt es vor, daß Gott ihre Gebete nicht zurückweist. Manchmal jedoch, was zum Beweis ihres Seins als Gottes Geschöpfe dienen soll, werden ihre Gebete nicht erhört, damit sie nicht von ignoranten Menschen als gottgleich angesehen werden. Wenn das Unheil und Zeichen des Todes tatsächlich eingetreten sind und offenkundig werden, ist es göttliche Handlungsweise, daß das Unglück herabstürzt. In so einem Moment besteht der Gehorsam gegenüber der göttlichen Entscheidung darin, daß Gottes Heilige die Gebete aufgeben und in Geduld verharren. Gebete wären angemessen, wenn sich die Zeichen von Niedergeschlagenheit und Pessimismus noch nicht vollständig gezeigt hätten, wenn Symptome noch nicht erschienen wären, die klar zeigen, daß das Unglück direkt vor der Tür steht, im Sinne, daß es schon beschlossen ist, denn die göttliche Handlungsweise ist meist so, daß Gott, nachdem Er seine Absicht, ein Unheil niederzusenden, festgelegt hat, Seinen Entschluß nicht zurückzieht.

Es ist eine absolute Tatsache, daß die meisten Gebete von denjenigen, die von Gott anerkannt sind, erhört werden, so daß das größte Wunder für sie in der Erhörung dieser Gebete liegt. Wenn sie sich in Zeiten von Sorge und Leid in ernster Ruhelosigkeit befinden und sie während der extremen Besorgnis ihre Aufmerksamkeit ganz auf Gott richten, dann hört Gott ihnen zu. Ihre Hand wird in solcher Zeit zu einer, als wäre sie von Gott. Gott ist wie eine versteckte Perle. Er offenbart Sein Gesicht durch jene Vollkommenen, die in Sein Wohlwollen aufgenommen sind. Gottes wunderbare Zeichen offenbaren sich ganz, wenn jene, die in Seinem Wohlwollen stehen, Qualen erleiden. Wenn sie bis zum Extrem verfolgt sind, sollte man sicher sein, daß das Zeichen nahe ist, weil sie Menschen sind, die ihre Herzen und Seelen Gott geweiht haben und die Gott liebt, wie kein Vater je sein Kind geliebt hat. Gott läßt seine außergewöhnlichen Handlungen über sie kommen: Er liefert den Beweis Seiner Stärke vergleichbar einem schlafenden Löwen, der plötzlich erwacht. Gott ist verborgen, und es sind diese Menschen, die Ihn offenbaren. Er befindet sich hinter tausend Schleiern, und es sind jene Menschen, die Sein Gesicht offenbaren.

Es sollte auch darauf hingewiesen werden, daß die Vorstellung, alle Gebete der von Gott angenommenen Menschen würden erhört, völlig falsch ist. Auf der anderen Seite ist es wahr, daß Gottes Beziehung mit jenen, die in Seinem Wohlwollen stehen, von freundlicher Natur ist: Manchmal erhört Er ihre Gebete, ein anderes Mal verlangt Er von ihnen Ergebung in Seinen Entschluß, wie es auch in freundschaftlichen Beziehungen der Fall ist. Ein Freund akzeptiert eine Zeitlang das Verlangen seines Freundes und erfüllt es nach des Freundes Wunsch, aber dann kommt eine Zeit, in der er sich wünscht, daß sein eigenes Verlangen vom Freund akzeptiert wird. Dies ist im Heiligen Qur-ân angedeutet, wo Gott Sein Versprechen hervorbringt, daß Er die Gebete der Gläubigen akzeptiert: *»Bete zu mir und ich will dein Gebet annehmen«,* in einem anderen Zusammenhang aber die Belehrung gibt, daß man einverstanden und zufrieden sein sollte mit dem Schicksal, das vom Himmel steigt, indem Er sagt:

»Und Wir werden dich erproben mit Angst und Hunger und Verlust des Wohlstandes und der Früchte, aber gib dem frohe Nachricht, der, wenn ein Unglück über ihn hereinbricht, sagt ›Sicherlich, zu Allah gehören wir und zu Ihm werden wir heimkehren.‹«

Somit zeigen diese beiden Verse, zusammen gelesen, was die göttliche Regelung über Gebete und was die gegenseitige Beziehung zwischen dem Schöpfer und dem Geschöpf ist.

Ich möchte darauf zurückkommen, für den Fall, daß eine unwissende Person, die auch manchmal Träume und Visionen hat, je für sich in Anspruch nimmt, was in diesem Büchlein über die Vollkommenheit des Glaubens und der Liebe festgestellt ist, daß diese in den meisten Fällen anderen Menschen zuteil ist. Was also ist der Unterschied zwischen den beiden?

Obwohl ich diese Bedenken schon erwähnt habe, muß ich

jetzt wieder sagen, daß es einen großen Unterschied gibt zwischen denen, die in Gottes Gunst stehen und jenen, die solchen Status nicht genießen. Welche Unterschiede in diesem Büchlein selbst hinsichtlich himmlischer Zeichen auch erwähnt sein mögen, ein großer Unterschied ist, daß die von Gott Angenommenen, die in das göttliche Licht einbezogen sind und deren Übel des Egos niedergebrannt sind im Feuer der Liebe, in allen Zuständen und auf allen Ebenen über andere hinsichtlich Rang und Qualität dominierende Positionen einnehmen. Zeichen von göttlicher Unterstützung und Hilfe manifestieren sich in außergewöhnlichem Maß und so großer Anzahl in ihren Unternehmungen, daß niemand fähig ist, Ähnliches hervorzubringen, weil sie, wie ich schon festgestellt habe, vollkommene Manifestoren von Gottes Gesicht sind, Der ein für unser Auge verborgenes Wesen ist. Sie offenbaren der Welt den verborgenen Gott und Gott offenbart sie den Menschen.

Ich habe also klargestellt, daß es dreierlei Arten von Menschen gibt, die an den Zeichen des Himmels teilhaben. Erstens sind da jene, die in sich keine Talente haben, die keine Beziehung zum allmächtigen Gott pflegen und nur aufgrund ihrer psychischen Eignung manchmal wahre Träume und wache Visionen erfahren, dabei aber keinerlei Zeichen göttlicher Anerkennung aufweisen und nicht mit göttlicher Liebe ausgestattet sind. Sie ziehen keinen Nutzen für ihre Persönlichkeit daraus. Tausende von bösen Leuten mit schlechtem Charakter, Missetäter und Sünder teilen mit ihnen diese Träume und Inspirationen. Abgesehen davon ist es oft zu bemerken, daß ihr Verhalten nicht lobenswert ist. Zuletzt befindet sich ihr Glauben in einem Zustand so extremer Schwäche, daß sie nicht einmal mehr wahres Zeugnis ablegen.

Sie fürchten Gott nicht so, wie sie die Welt fürchten. Sie können ihre Verbindungen zu schlechten Leuten nicht abbrechen. Sie haben nicht den Mut, wahres Zeugnis abzulegen, wenn sie die Befürchtung hegen, daß dies einer Person, die in einer hohen Position steht, mißfallen würde. In religiösen Angelegenheiten weisen sie ein äußerstes Maß an Faulheit und Lässigkeit auf. Sie sind Tag und Nacht in weltliche Belange verstrickt. Sie unterstützen absichtlich Falschheit und geben den Weg der Wahrheit auf. Jeder ihrer Schritte ist unwürdig. Weiter meiden einige von ihnen gewohnheitsmäßig das Leben der Sünde und Missetat nicht. Sie geben sich für weltlichen Gewinn zu allen möglichen unrechtmäßigen Handlungen her. Moralisch gesehen befinden sich einige von ihnen in sehr schlechtem Zustand. Sie sind Verkörperungen von Eifersucht, Kleingeist, Stolz und Eingebildetheit. Sie geben sich her für Handlungen von unbeschreiblicher Schäbigkeit. Viele Arten schändlicher Übel sind in ihnen zu finden. Es ist sonderbar, aber einige von ihnen haben nur üble Träume, die natürlich wahr werden und die zeigen, daß ihr Geist nur böse Träume mit üblem Inhalt hervorbringt. Nie erfahren sie räume, die für sich selbst oder für andere gut sind oder ihren weltlichen Interessen nutzen oder ihr persönliches Verlangen erfüllen oder gute Nachrichten für andere enthalten könnten. Die Träume solcher Menschen sind vergleichbar mit jener Kategorie der drei physikalischen Aspekte eines brennenden Feuers, in welcher ein Mensch sozusagen nur eine Rauchwolke aus der Ferne bemerkt, aber unfähig ist, das Feuer zu sehen oder die Wärme daraus zu spüren, weshalb diese Menschen keinerlei Verbindung zu Gott genießen. In der spirituellen Erfahrung fällt ihnen nichts als Rauch zu, durch welchen sie nicht ein einziges Teilchen des Lichtes empfangen können.

Die zweite Kategorie der Traumseher und Empfänger von Inspirationen stellt jene Menschen dar, die im Genuß einer Verbindung zu Gott stehen, welche aber nicht vollkommen ist. Die Träume und Inspirationen jener Menschen können verglichen werden mit Erfahrungen von jemandem, der in einer dunklen und sehr kalten Nacht die Flammen eines Feuers aus der Ferne gesehen hat. Das gesichtete Feuer scheint sich als ein Segen für ihn zu erweisen, in der Hinsicht zumindest, daß er dadurch vermeiden kann, auf unebenen Grund, auf verstreute Dornen oder Steine zu treten oder dahin, wo Schlangen oder gefährliche Tiere sind. Dennoch kann der Wert des Lichtes ihn nicht vor Kälte oder Tod schützen. Weil er unfähig ist, die warme Umgebung des Feuers zu erreichen, verunglückt er wie jemand, der in der Dunkelheit wandelt.

Die dritte Kategorie der Traumseher und Empfänger von Inspirationen stellt jene Menschen dar, deren Träume und Inspirationen vergleichbar sind mit dem physikalischen Schauspiel, daß ein Mensch in einer dunklen und sehr kalten Nacht nicht nur vom Licht profitiert, wodurch er den Weg ausfindig machen kann, sondern auch durch Eintreten in den warmen Sektor vollkommen geschützt ist von den Auswirkungen der Kälte. Diese Ebene wird von jenen erreicht, die den Mantel der üblichen Leidenschaften niederbrennen im Feuer der Liebe zu Gott, die um Gottes Willen ein Leben von harter Mäßigung und Einfachheit wählen. Sie sehen gerade vor ihren Augen den Tod und beeilen sich, ihn für sich zu nehmen. Sie akzeptieren jede Art von Schmerz und Unbehagen auf dem Weg zu Gott. Sie werden zu Widersachern ihrer selbst und nehmen einen antagonistischen Kurs gegen sich ein und legen Nachweis über eine solche Stärke im Glauben ab, daß sogar die Engel erstaunen. Sie sind spirituelle Kämpfer und all die teuflischen Angriffe stellen sich gegenüber ihrer spirituellen Macht als energielos heraus. Sie sind ehrlich, glaubwürdig und aufrichtig und können durch die verlockenden Annehmlichkeiten dieser Welt nicht verleitet werden, noch werden sie abgelenkt von ihrem wahren Geliebten durch die Liebe der Nachkommenschaft oder die glückliche Gesellschaft ihrer Ehefrauen. Keine Bitterkeit kann sie überwältigen, kein selbstsüchtiges Vergnügen kann zwischen ihnen und Gott stehen, keine Beziehung kann sich in ihre Verbindung zu Gott einmischen.

Diese sind die drei Stufen der spirituellen Skala, die erste bekannt als *Ilm-al-Yaqeen*, die zweite als *Ain-al-Yaqeen*, und die dritte, gesegnete und vollkommene Stufe wird *Haqq-al-Yaqeen* genannt. Die Erfahrung des Menschen mit Gottes Erkenntnis kann nicht vollständig sein, noch kann sie von allen Schlacken gereinigt sein, ehe sie nicht die Ebene von *Haqq-al-Yaqeen* erreicht hat, wobei diese letzte Ebene nicht von bloßer Beobachtung abhängt, vielmehr zum Herzen hinabsteigt als eine wirkliche Erfahrung.

In diesem Stadium ist der Mensch, gefallen in das rasende Feuer der Liebe Gottes, frei von seinen selbstsüchtigen Wünschen. Auf dieser Ebene wandelt sich die Wahrnehmung Gottes durch den Menschen von einer Stufe bloßer verbaler Deklarationen über göttliche Angelegenheiten zu einer Stufe wirklicher Selbsterfahrung, in der die weltliche Existenz dann völlig verbrannt und zu Asche reduziert wird. So ein Mensch befindet sich in Gottes Schoß, und wie ein Stück Eisen im Feuer die Aspekte des Feuers widergibt, und folglich beginnt, die Qualitäten des Feuers zu entfalten, wird ein Mensch auf dieser Stufe versehen mit Gottes Attributen auf eine Art und Weise, die jede Beziehung zur Realität in den Schatten stellt. Er vernichtet sich selbst in der göttlichen Freude so vollständig, daß er so spricht, sieht, hört und geht, als sei Gott selbst innerhalb seines Körpers. Seine Menschlichkeit ist von göttlichen Manifestationen beherrschend geprägt. Das ist ein subtiles Thema, das sich nicht in Reichweite gewöhnlicher Menschen befindet. Deshalb verlasse ich es hiermit.

Eine Veranschaulichung dieser Kategorie, die die höchste und vollkommenste ist, kann auch wie folgt gegeben werden: Die perfekte Offenbarung, die dritte der drei Kategorien von Offenbarung, die auf ein spirituell vollkommenes Individuum herabsteigt, gleicht Sonnenstrahlen, die auf einen sauberen Spiegel fallen, der ihnen gegenüber plaziert ist. Obwohl das Sonnenlicht immer das gleiche Phänomen ist, liegt es auf der

Hand, daß es sich doch auf verschiedene Weise manifestiert und die Qualität seiner Manifestation sich so unterschiedlich zeigt, daß, wenn Sonnenstrahlen auf eine rauhe Erdoberfläche fallen, überzogen mit dunklem Schmutz, wo es kein sauberes oder transparentes Wasser gibt, die Lichtstrahlen dann von sehr matter Natur sein werden, besonders wenn Wolken zwischen Sonne und Erde ziehen. Aber wenn die gleichen Sonnenstrahlen durch keine Wolke verdunkelt auf klares Wasser fallen, das wie ein polierter Spiegel aussieht, erscheinen sie zehnmal leuchtender, so daß die Augen das grelle Licht kaum ertragen können.

So ist das göttliche Licht der Offenbarung außergewöhnlich leuchtend, wenn es über eine geläuterte Seele herabfällt, die von jeglichem Morast gereinigt ist, und Gottes Attribute sich gänzlich in dieser Seele reflektieren können, und das ganze Gesicht dieses einen Gottes sich vor der eigenen Sicht abzeichnet. Diese Diskussion zeigt, daß die volle Kraft des Lichtes vom polierten Spiegel empfangen wird oder vom klaren Wasserbekken, das bei vollkommener Reinheit das Bild der Sonne widerspiegelt, obwohl doch das Sonnenlicht auf jede reine oder unreine Oberfläche fällt und sogar eine Latrine voll Unrat daran Anteil hat. Da Gott nicht geizig ist, ist gleichermaßen jeder mit Seinem Licht beschenkt. Aber jene, die ihr weltliches Ego den Tod leiden lassen, die deshalb in vollständigem Maße zu Kundgebern des göttlichen Seins werden und in denen der allmächtige Gott, in metaphorischem Sinne gesehen, Seinen Wohnsitz einnimmt — sie sind von einer anderen Klasse. Zum Beispiel kann man bemerken, daß das Licht der Sonne, wenn es auf einen polierten Spiegel oder auf klares Wasser fällt, so aussieht, als befände es sich im Spiegel oder Wasser drinnen, obwohl doch die Sonne am Himmel steht. Tatsache bleibt, daß die Sonne nicht drinnen ist, aber da das Wasser von solcher Reinheit und dessen Oberfläche so blank ist, erscheint es den Menschen, als sei die Sonne im Wasser oder Spiegel. Kurzum, es ist das Selbst, das sich völlig geläutert hat und zum höchsten Standard der Vollkommenheit gelangt, dieses Selbst, welches das göttliche Licht empfangen kann in einer Art und Weise, die nahezu perfekt ist. Nur Empfänger von Inspirationen zu sein oder einige Erfahrungen mit Träumen gehabt zu haben, bedeutet nicht, daß man mit irgendeiner Vorzüglichkeit ausgestattet ist, wenn nicht das Selbst durch vollkommene Transformation zur Selbstreinigung gebracht, die Fähigkeit des Widerspiegelns erreicht hat und in ihr das Gesicht des Wahren Geliebten sichtbar wird. So wie die allumfassende Güte des Einen Wahren Gottes, von wenigen Ausnahmen abgesehen, jedem das Geschenk des Sehens, Riechens, Hörens, des Tastsinnes und viele andere Sinne mit ins Leben gegeben hat und dabei nicht kleinlich verfahren wurde, so wurde in spiritueller Hinsicht den Menschen welchen Alters auch immer die Möglichkeit nicht entzogen, den Samen der spirituellen Kraft in sich gesät zu sehen. Und genauso wie man sehen kann, daß das Sonnenlicht in jede Nische und Ecke dringt, daß keine Fläche, ob rauh oder fein, ohne es bleibt, genauso trägt das gleiche Gesetz der Natur die Wahrheit in sich, daß bezüglich der spirituellen Sonne weder eine rauhe noch eine feine Fläche ohne einen Strahl des spirituellen Lichtes bleibt. Aber — dieses Licht liebt reine und transparente Herzen. Wenn jene spirituelle Sonne ihr Licht auf reine Seelen wirft, produziert es in ihnen eine Manifestation ihrer vollen Brillianz, so sehr, daß ein Bild davon in ihnen abgezeichnet wird, wie wenn die Sonne ihre Strahlen auf klares Wasser oder einen polierten Spiegel wirft, so daß sie darin reflektiert, wie mit eigenen Augen am Himmel gesehen wird.

So ist in spirituellem Sinne für den Menschen keine Herausforderung größer, als nach der Selbstreinigung zu streben, um ein Bild von Gott in sich abzuzeichnen. Darauf wird im Heiligen Qur-ân durch folgenden Vers hingewiesen: *»Ich will einen Statthalter auf Erden einsetzen«*. Es wird sich zeigen, daß ein Abbild der Khalif oder Nachfolger ist, Gestalt des wirklichen Zieles, und das erklärt die Entsprechung zwischen den beiden hinsichtlich der Lokalisation der Gliedmaßen, der Gesichtslinien und Kurven. Die heiligen Traditionen, auch die Thora, bringen hervor, daß der Allmächtige Gott den Menschen nach seinem Ebenbilde geschaffen hat. Das Wort Ebenbild ist nur auf spirituelle Entsprechung zu beziehen. Es wird sich auch erweisen, daß, wenn z. B. Sonnenstrahlen auf einen ultrapolierten Spiegel fallen, nicht nur die Sonne darin gesehen werden kann, sondern daß der Spiegel auch die Qualitäten der Sonne widergibt, indem deren Licht auf andere reflektiert wird. Das ist der Zustand des Bildes einer spirituellen Sonne. Wenn ein klares Herz ein reflektiertes Bild der spirituellen Sonne widergibt, werden Lichtstrahlen wie von der Sonne von ihm selbst abgestrahlt, und die Umgebung wird erleuchtet davon, als hätte die Sonne gänzlich mit ihrer vollen Majestät Eingang darin gefunden.

Dabei gibt es noch einen anderen erwähnenswerten Punkt, und der ist, daß jene der dritten Kategorie, die eine vollkommene Beziehung zum Allmächtigen Gott pflegen und Empfänger reiner und perfekter Inspiration sind, nicht alle göttliche Gaben vom gleichen Grade genießen. Der Umfang ihrer natürlichen Kapazität ist nicht derselbe — bezüglich des einen ist er geringer und des anderen größer, des dritten noch größer und im Falle einiger anderer so groß, daß man es nicht zu fassen vermag. Die Beziehung der Liebe mit dem Allmächtigen Gott mag in einem Fall stark sein, im andren stärker und bei jemandem andren so stark, daß die Welt unfähig ist, diese zu erkennen, und kein Intellekt zu ihrer Höhe emporsteigen kann. Sie sind so verschlungen in der Liebe ihres ewigen Geliebten, daß der Nerv der Faserstruktur ihrer physischen Existenz völlig aufgelöst ist. Menschen aus all diesen Kategorien können entsprechend dem Vers *»Ein jeder schwebt in seiner Bahn«* (36:41) nicht über den

Kreis ihrer diesbezüglichen natürlichen Kapazitäten hinausgelangen. Keiner von ihnen kann größeres Maß an Licht haben als die Grenze seiner Natur erlaubt, noch kann irgendjemand in einem größeren Ausmaß das Bild der leuchtenden Sonne in sich selbst reflektieren, als seine natürliche Kapazität dies gestattet. Der Allmächtige Gott enthüllt jedem, seiner Kapazität angemessen, Sein Gesicht. Wegen kleinerem oder größerem Umfang der natürlichen Kapazitäten ist das Gesicht hier klein und dort groß. Zum Beispiel scheint ein riesiges Gesicht sehr klein im Spiegel auf einem Juwel, aber das gleiche Gesicht erscheint groß in einem größeren Spiegel. Und doch gibt der Spiegel alle Gesichtszüge wider, egal, ob er groß oder klein ist. Der einzige Unterschied ist, daß ein kleiner Spiegel nicht die tatsächliche Größe des Gesichts reflektiert. Gerade weil es diesen Unterschied gibt in der Dimension des Abbildes im kleinen oder großen Spiegel, bestehen, ungeachtet dessen, daß das göttliche Sein ewig und unveränderlich ist, Variationen der Größe Seines Abbildes im Einklang mit der spirituellen Kapazität des Individuums. Diese Variationen reichen so weit, daß in der Darstellung Seiner höchsten Eigenschaften Gott von B größer ist als Gott von A und Gott von C noch größer als Gott von B. Gott Selbst jedodch besteht nicht aus dreien sondern einem. Verschiedene Manifestationen Seiner Selbst führen zu verschiedenen Darstellungen Seiner Herrlichkeit. Zum Beispiel ist der Gott von Moses, der Gott von Jesus und der Gott des Heiligen Propheten (Friede und Segen Allahs seien mit ihm) ein und derselbe Gott, aber in Anbetracht verschiedener Verkörperungsweisen, stellt sich derselbe Gott in drei verschiedenen Herrlichkeiten dar. Die spirituelle Kapazität von Mose war beschränkt auf Israel und Pharao; deshalb war die Manifestation der göttlichen Macht beschränkt entsprechend dem Ausmaß seiner Kapazität. Hätte Moses Vision die ganze Menschheit seiner Zeit und auch zukünftiger Generationen umfaßt, wäre die Lehre der Thora nicht so eingeschränkt und begrenzt, wie sie es ist. Genauso war die Reichweite der Kapazität von Jesus auf ein paar jüdische Volksstämme begrenzt, die er zu sehen bekam. Mit andren Menschen oder mit zukünftigen Generationen hatte er keine Beziehung, und deshalb blieb die Manifestation der göttlichen Kraft unter seinem Bekenntnis auf die spirituelle Kapazität von Jesus begrenzt. Und so wie die Lehre des Evangeliums nur auf die Reformation der praktischen und moralischen Übel der Juden abzielte und weil in die Vision von Jesus nicht die Schlechtigkeiten der ganzen Welt mit einbezogen waren, ist das Evangelium ungeeignet, eine umfassende Erneuerung zu bewirken, sondern hatte eher den Sinn, die damals bestehende Gottlosigkeit der Juden zu reformieren.

Das Evangelium bezog sich nicht auf andre Länder oder auf kommende Generationen. Wenn es beabsichtigt hätte, alle verschiedenen Menschengruppen und verschiedenen menschlichen Temperamente zu erneuern, wäre seine Lehre nicht so gewesen, wie sie ist. Es ist dazu bedauerlich, daß auf der einen Seite die Evangeliumslehre lückenhaft war und auf der andren eigens eingeführte Fehler für großen Schaden verantwortlich zu machen sind, indem aus einem Menschen ein Gott gemacht wurde und das selbsterdachte Dogma des Sühneopfers Christi hervorgebracht wurde und dadurch die Tür für alle praktischen Reformen verschlossen worden ist.

Nun sind die Christen in einem doppelten Unglück befangen: Erstens können sie nicht den Beistand des Allmächtigen Gottes in Form von Inspirationen oder göttlicher Offenbarung erhalten, denn die Inspiration ist insgesamt versiegelt, und zweitens können sie keinen Schritt vorwärts in die aktive Sphäre unternehmen, weil der Glaube an die Lehre des Sühneopfers sie daran hindert, irgendeine praktische Leistung für eine Reform oder einen Versuch dazu durchzuführen. Hingegen war die Vision des perfekten Menschen, auf den der Heilige Qur-ân herabgesandt wurde, nicht begrenzt. Seine universalen Übereinstimmungen und Belange hatten keinen Mangel, sondern er trug das Geschenk der Zustimmung von vollkommenstem Charakter in Bezug auf Raum und Zeit in sich. Das war der Grund, warum er im vollständigsten Maße Anteil an der Manifestation göttlicher Kraft erwarb und den Titel *›Khatam-al-Ambiya‹* (das Siegel der Propheten) erhielt, nicht in dem Sinne, daß in Zukunft keine spirituellen Gaben sein würden, sondern in jenem Sinn, daß er das Siegel behält, ohne dessen Abdruck kein spiritueller Segen erreicht werden kann. Das Tor der göttlichen Kommunikation und Hinwendung wird seinen Anhängern gegenüber nie geschlossen sein bis zum Tage des Gerichts. Neben ihm gibt es keinen Propheten, der das Siegel hält. Er allein ist es, durch dessen Siegel ein Prophetentum, für das es essentiell ist, Nachfolger zu sein, bestehen kann; seine Entschlossenheit und sein Mitgefühl wünschen nicht, daß seine Anhänger in mangelhaftem Zustand zurückbleiben.[5)] Er würde nicht tolerieren, daß die Tür der göttlichen Offenbarung, welche die wirkliche Basis für das Erlangen von Gotteswahrnehmung bedeutet, gegenüber seinen Anhängern verschlossen bliebe. Um das Zeichen des Siegels seines Amtes weiter bestehen zu lassen, wünschte er, daß die Gabe der göttlichen Offenbarung dadurch erreicht werden kann, daß ihm gefolgt wird und daß das Tor der Offenbarung jenen verschlossen bleibt, die nicht zu seinen Anhängern zählen. Dies ist die Bedeutung dessen, daß Gott ihn zum *›Khatam-al-ambiya‹* (Siegel aller Propheten) gemacht hat. Demgemäß ist es bis zum Tage des Gerichtes festgelegt, daß ein Mensch, der nicht unter Beweis stellt, daß er einer seiner Anhänger durch treue Gefolgschaft ist, und nicht sein ganzes Sein auf Gehorsam ihm gegenüber ausrichtet, bis zum Tage des Gerichtes keine Erfahrung einer perfekten Offenbarung oder Inspiration machen kann, weil Prophetentum von unabhängigen Charakter durch den Heiligen Propheten (Gottes Friede und Segen auf ihn) vollendet ist. Abhängiges Prophetentum, was bedeutet, daß Offenbarung durch den Segen des Heiligen Propheten (Friede und Segen Allahs seien auf ihm) gewonnen wird, diese Form des Prophetentums soll bis zum Tage des Gerichts erhalten bleiben, auf daß das Tor der vollen spirituellen Entwicklung für die Menschheit nicht verschlossen sei, selbst wenn die Welt die Sicht für die Tatsache verlieren sollte, daß des Heiligen Propheten höchster Entschluß es gewünscht hat, daß die Tür der göttlichen Kommunikation und Hinwendung geöffnet bleiben soll bis zum Gerichtstag und daß Gott-Verwirklichung, die Erlösung bedeutet, nicht völlig verschwinden soll.[5)]

– Im Namen Allahs, des Allgütigen, des Barmherzigen,
Wir preisen Ihn und erbitten Seinen Segen
für den Edlen Propheten –

Die Offenbarung

Ihr Wesen und ihre Charakteristiken

von
Hazrat Mirza Ghulam Ahmad

Frage: Wie kann es möglich sein, zu glauben, daß Gott Sein Wort vom Himmel heruntersendet? Die Naturgesetze beweisen dies nicht, noch haben wir je eine Stimme vom Himmel herunterkommen gehört.

Antwort: Die Wahrheit, so wie sie durch unveränderbare Fakten bewiesen wird, und von unzähligen weisen und gelehrten Leuten persönlich erfahren wurde – und wie sie so jedem Sucher nach Wahrheit in jedem Zeitalter erneut verfügbar ist – kann davon nicht berührt werden, daß sie von Einem, der über keine spirituelle Kenntis verfügt, verleugnet wird, noch davon, daß die unvollkommene Überlegung bzw. das fehlerhafte Denken Eines, dessen Geist der Erleuchtung ermangelt, daran scheitert, sie zu bezeugen, noch kann sie etwa von den Naturgesetzen durch das unsinnige Gerede solcher Leute ausgeschlossen werden.

Lassen Sie uns z. B. einen Magneten als Betrachtungsgegenstand wählen. Falls nun jemand, der die Eigenschaften eines Magneten nicht kennt und nie einen Magneten gesehen hat, erklären sollte, daß ein Magnet ein Stein sei, und daß, so weit er wüßte, keine Anziehungskraft in einem Stein zu finden sei, und daß folglich die Behauptung, daß ein Magnet Anziehungskraft besäße, absolut falsch sei, weil das gegen die Naturgesetze ginge, würde ein solch' lächerliches Argumentieren seinerseits etwa die allgemein anerkannte Eigenschaft des Magneten als zweifelhaft erscheinen lassen? Sicher nicht. Sollte seine Erklärung etwas bezeugen, dann lediglich, daß er ein großer Narr sein muß, seine eigene Ignoranz von einer Sache für den Beweis ihrer Nicht-Existenz zu halten , und die Beweisführung von Tausenden von Leuten, die ihre persönliche Erfahrung mit dieser Sache haben, zurückzuweisen. Wie können die Naturgesetze an die Begründung geknüpft sein, daß sie von jedem einzelnen Individuum persönlich zu prüfen sein müssen? Die Menschen sind nicht alle gleich in bezug auf ihre physischen bzw. geistigen Kräfte. Manche z. B. haben die Gabe eines scharfen Augenlichts, Andere haben ein schwaches Augenlicht, und Manche sind sogar blind. Wenn die Leute mit einem schwachen Sehsinn bemerken, daß diejenigen, die über ein starkes Sehvermögen verfügen, etwas schwer zu Erkennendes entdeckt haben, so z. B. den Sonnenaufgang aus weiter Ferne, werden sie das nicht abstreiten, da sie wissen, daß sie dadurch lediglich ihre eigene Schwäche und schlechtere Ausrüstung vor den Augen der Anderen bloßstellen würden. Der Blinde, bedauernswerter Mensch, kann zu diesen Fragen gar nichts äußern. Ähnlich ist es bei Leuten, denen der Geruchssinn fehlt: wenn sie Andere von dem Duft bzw. dem schlechten Geruch von bstimmten Objekten sprechen hören, glauben sie ihnen, und zweifeln nicht an ihrer Aufrichtigkeit. Sie wissen sehr wohl, daß so viele Leute nicht lügen können, daß sie gewiß ehrlich sind, und daß sie selbst keinen Gehörsinn haben. Den gleichen Unterschied kann man auf die inneren Fähigkeiten bezogen finden. Einige stehen auf niedriger Stufe, eingehüllt in die Schleier des Egos, während die Seelen Anderer vor Urzeiten so erhöht und rein waren, daß sie die Empfänger göttlicher Offenbarung wurden; und wenn nun jene, die in die Schleier des Selbst gehüllt sind, die Eigenschaften jener erhöhten Persönlichkeiten leugnen, so verhalten sie sich wie Blinde oder Schwachsichtige, die die Existenz der von den Scharfsichtigen erkannten Objekte leugnen, oder wie ein Mann, der, ohne Geruchssinn geboren, die Gerüche leugnet, die von einem wahrgenommen werden, der die Fähigkeit des Riechens besitzt; und so, wie es also Mittel gibt, Einen, der die Existenz vorübergehender Dinge leugnet, diesbezüglich befriedigend zu überzeugen, so gibt es auch Mittel, jene, die die spirituellen Wahrheiten leugnen, zu überzeugen.

Wenn z. B. ein Mann, der ohne Geruchssinn geboren wurde, darauf besteht, die Existenz von Geruch zu leugnen, und folglich erklärt, daß alle jene, die den Geruchssin besitzen, entweder Lügner oder aber Abergläubige seien, kann er auf folgende Weise dazu gebracht werden, seinen Irrtum einzusehen: Er möge Geruchsaroma auf bestimmte Objekte applizieren – sagen wir z. B. auf ein Stück Stoff – und andere frei von Aroma belassen, und somit jene testen, die diese Fähigkeit besitzen. Durch wiederholte Experimente dieser Art wird er sich selbst überzeugen könne, daß die Fähigkeit, Geruch wahrzunehmen, existiert, und daß es Leute gibt, die zwischen einem aromatisierten und einem nicht aromatisierten Objekt zu unterscheiden vermögen.

Ähnlich kann durch wiederholte Experimente ein Sucher nach der Wahrheit sich bezüglich der Existenz von Offenbarung befriedigen, da dem Empfänger von Offenbarung tiefe

Geheimnisse offenbart werden, die von dem bloßen Verstand nicht aufzudecken sind, und das Buch der Offenbarung enthält ensprechend Wunder, die in anderen Büchern nicht zu finden sind; durch dieses Mittel kann ein Sucher nach der Wahrheit erkennen, daß die göttliche Offenbarung eine etablierte Realität ist. So er eine reine Seele hat, kann er durch das Beschreiten des rechten Weges persönlich Offenbarung empfangen, je nach seiner eigenen spirituellen Fähigkeit, wie die Heiligen Gottes; und durch seine eigene Erfahrung wird er die Wahrheit der den Boten Gottes gesandten Offenbarung bezeugen.

Ich übernehme es, Jedem, der seine Bereitschaft bezeigt, den Islam mit aufrichtigem und ergebenem Herzen anzunehmen, so ihm die Wahrheit nur klar gemacht wird, diese Wahrheit der Offenbarung durch das lebendige Wort Gottes, das mir garantiert worden ist, und das ich kontinuierlich vom Himmel empfange zu demonstrieren.

So irgendjemand bezüglich meiner Worte zweifeln sollte, laßt ihn bitte mit aufrichtige Herzen zu mir kommen; »Allah hat die Macht, das, was ich sage, zu erfüllen, und Er ist mein Helfer in allen Dingen.«

Frage: Ist Offenbarung nicht einfach mit jenen Gedanken synonym, die im Geist weiser Menschen, so sie sich der Meditation und Losgelöstheit von allem Streben hingeben, aufsteigen?

Antwort: Zu meinen, daß Offenbarung nichts Anderes sei als jene bloßen Subtilitäten der Weisheit, die dem Geist als Resultat seines Brütens über bestimmte Fragen einfallen, ist eine bloß dahergeholte Idee ohne Sinn, die ihre Wurzeln in jener, durch die völlige Unkenntnis spiritueller göttlicher Offenbarung zu begründenden Meinung hat, daß der Mensch fähig sei, durch Reflektion und Kontemplation die versteckten Gehimnisse der Zukunft zu ergründen.

Und doch ist es evident, daß die Menschen die Zukunft nicht durch Freilassung des Willens und Meditation vorauszusagen vermögen, noch sonst irgendeine göttliche Fähigkeit bezeigen, noch in ihren Schriften irgendein Zeichen der besonderen Macht Gottes zu geben imstande sind. Wieviel er auch meditieren mag, der Mensch kann die tiefen Geheimnisse, die jenseits der Grenzen seiner Verstandesfähigkeit, seines Geistes und seiner Sinne liegen, nicht ergründen. Noch können seine Worte sich so erhöhen, daß sie seine bloßen menschlichen Kräfte transzendierten. Es gibt also genügend Gründe für jeden vernünftigen Menschen, einzusehen, daß die guten oder schlechten Gedanken, die das Resultat menschlicher Meditation und Kontemplation sind, nicht zugleich das Wort Gottes sein könne. Wenn die Gedanken der Menschen in sich schon göttliche Inspiration wären, hätten sich alle Türen zum Unsichtbaren mit einem Schlag geöffnet, und sie hätten Dinge auszusprechen vermocht, die auszusprechen doch einzig die Macht Gottes vermag – denn sowohl im Werk als auch im Wort Gottes muß die göttliche Macht manifestiert sein.

Wenn jemand fragt, woher die guten und die bösen Absichten, die subtilen Methoden zur Durchführung nobler wie unlauterer Pläne, die vielfältigen Formen von Strategien und Tricks, die Einem bei entsprechender Meditation durch den Kopf gehen, kommen, und wie das sein kann, daß, wenn man über eine Sache nachdenkt, man plötzlich auf eine neue Idee stößt, so lautet die Antwort zu dieser Frage, daß alle diese Ideen zu der Kategorien von *Khalqullah* (Schöpfung Gottes) gehören. Es gibt einen feinen Unterschied zwischen *Khalq* (Erschaffung durch die Werke) und *Amr* (Schöpfung durch das Heilige Wort). Wenn Gott ein Ding durch den Gebrauch von gewissen Mitteln erschafft, und es in seiner hierauf folgenden Existenz auf Sich als auf die Erste Ursache zurückführt, so nennt man diesen Akt einen der göttlichen Erschaffung (Khalq). Wenn Er dagegen etwas ohne Hilfsmittel bzw. Zwischeninstanzen direkt in die Existenz bringt, so heißt das göttliche Schöpfung durch das Heilige Wort (Amr).

Das Wort Gottes, das durch den Allmächtigen offenbart wurde, gehört zu der Kategorie der Schöpfung durch das Wort (Amr), und nicht zu jener der göttlichen Erschaffung (Khalq), während umgekehrt die Ideen, die Einem bei Einnahme der Kontemplationshaltung in den Sinn kommen, unter die andere Kategorie von Khalq, dem göttlichen geschaffenen Werke fallen, da in diesem Fall die göttliche Macht hinter dem Schleier der Mittel und menschlichen Fähigkeiten handelt.

Gott hat den Menschen mit vielfältigen Kräften und Begabungen ausgestattet, und Er hat ihn so geschaffen, daß ihm , wann immer er will, Pläne – seien es gute oder schlechte – für die Verfolgung seiner Absichten einfallen. Gerade so wie in dem Bereich der Sinne das Naturgesetz es vorschreibt, daß, sobald ein Mensch seine Augen öffnet, er einige Objekte sieht, und wenn er sein Ohr öffnet, um einer Stimme zu lauschen er etwas hört, so ähnlich wird, wo er an den Erfolg einer Unternehmung denkt, sei sie gut oder schlecht, sich ihm der eine oder andere Plan eingeben. Ein frommer Mann wird gute Ideen haben, derweil einem Dieb eine clevere Methode zum Einbruch in ein Haus einfallen wird, während er über diese Thema nachdenkt. Ausgeklügelte und tiefe Gedanken zum Bösen kommen einem Menschen, der über das Böse nachsinnt – ebenso wie ihm gute und fromme Gedanken kommen werden, so er die gleiche Fähigkeit zu guten Ziel verwendet. Und genauso, wie böse Ideen nicht das Wort Gottes genannt werden können, wie tief, subtil und faszinierend sie auch sein mögen, so können auch die selbst-fabrizierten Ideen eines Menschen, die dieser zwar für gut hält, nicht das Wort Gottes sein.

Kurz gefaßt, die weisen Einfälle eines tugendhaften Menschen, geradeso wie die bösen Tricks, die sich Dieben, Gesetzlosen, Mördern und Betrügern nach tiefem Nachdenken eingeben, sind lediglich natürliche Attribute. so wie der Allweise Gott den Objekten unterschiedliche Eigenschaften verliehen hat, so hat Er auch die Verstandesfähigkeit des Menschen mit der Gabe versehen, sich ihrer zu bedienen, wann immer er sie braucht. Wenn ein Dichter eine Satire verfassen und sich in ihr über einen anderen Menschen lustig machen will, kommen ihm sarkastische Verse in den Sinn, doch wenn ein anderer Dichter sich in Lobeshymnen über den gleichen Mann ergehen will, so sind es Verse des Lobes, die ihm ganz natürlich in den Sinn kommen werden. Also, solche Ideen, gleich ob gut oder schlecht, können nicht dem Willen Gottes zugeschrieben werden noch können sie Sein Werk bzw. Seine Worte genannt werden. Das Heilige Wort Gottes ist etwas, das bei Weitem alle menschlichen Fähigkeiten übertrifft, und es ist durch Perfektion, Macht und Heiligkeit charakterisiert.

Die erste Bedingung für die Offenbarung Gottes muß sein, daß die menschlichen Fähigkeiten sich in einem Zustand des Abwartens und der Nicht-Aktivität befinden. Es darf da kein Denken, kein Reflektieren geben, der Mensch muß sein, als wäre er »tot«. Jeglicher Kontakt zu den Mitteln des Irdischen muß abgeschnitten sein, und Gott, Der die wahrhaftige und reale Existenz besitzt, muß Sein Wort ins Herz des Betreffenden gesandt haben, aufgrund Seines hierzu ausdrücklichen Wunsches.

So wie das Licht der Sonne vom Himmel und nicht aus den Augen der Menschen kommt, so kommt auch das Licht der Offenbarung von Gott Allein, und durch seinen Willen; es stammt nicht aus dem Herzen. Wenn Gott wirklich existiert, und sieht, hört, weiß und spricht, dann sollte Sein Wort auch von Ihm selbst kommen, und die Gedanken des Menschen dürfen nicht mit diesem Wort Gottes verwechselt werden.

Die Gedanken, die in unseren Köpfen auftauchen, sind allein solche, die unserer eigenen Gedankenstruktur entsprechen, doch wie können das unbegrenzte Wissen und die grenzenlose Weisheit Gottes in dem begrenzten Rahmen eines menschlichen Hirns enthalten sein? Welche Blasphemie könnte größer sein als diese, zu behaupten, daß alle Schätze des Wissens, der Weisheit und versteckter Geheimnisse in unseren Köpfen enthalten seien, und daß sie aus unseren eigenen Köpfen hervorsprudelten! Dies wäre äquivalent zu der Behauptung, wir selbst seien in Wirklichkeit Götter und daß es kein anderes, unabhängig von uns existierenden Wesen gäbe, das über sämtliche vollkommenen Attribute verfügt, und das man Gott nennen könnte. Denn, so Gott wirklich existiert, und so Sein unbegrenztes Wissen ausschließlich das Seine ist, und nicht mit unserem Verstand zu messen ist, wie absurd und falsch wäre es dann, zu sagen, daß dies unbegrenzte Wissen Gottes und alle Schätze der göttlichen Weiheit in unseren Köpfen enthalten seien, was soviel hieße wie: das Wissen Gottes ist nicht größer als das, was in unserem eigenen Verstand enthalten ist. – Wäre das nicht ein Anspruch auf Göttlichkeit? Doch kann das sein, daß der Verstand eines Menschen mit aller Vollkommenheit Gottes ausgestattet sei? Ist es etwa richtig, daß ein unbedeutendes Atom je die leuchtende Sonne werde? – Nein, niemals!

aus *Barahin-i-Ahmadiyya*

Anmerkungen

1 Es ist zu bemerken, daß physisches Verlangen und physische Wünsche auch bei den Propheten und Gesandten Gottes zu finden sind. Aber da gibt es den Unterschied, daß diese heiligen Persönlichkeiten sich selbst zuerst losreißen von all den Wünschen und Gelüsten, um die Billigung des Allmächtigen Gottes zu erlangen. Sie »töten» ihr Selbst vor Gott, und dann kommt das, wofür sie um Gottes Willen entsagt hatten, in Form von Gnade zu ihnen zurück. Sie sind allen Arten der Heimsuchung ausgesetzt, aber sie kommen nicht ins Wanken. Jene allerdings, die ihr Ego nicht für den Allmächtigen Gott töten, deren Wünsche werden wie zu einem »Vorhang« für sie, und zuletzt sterben sie in Unreinheit, wie der Wurm im Dreck, so daß ihr Beispiel im Vergleich zu dem der Heiligen Gottes wie ein Kerker ist, in dem beide leben, der Wärter und der Gefangene. Und es kann doch niemand sagen, daß der Wärter derselbe ist wie der Gefangene.

2 Es gibt drei Formen des Wissens:
1. *Ilm-ul-Yaqeen*, i.e. Glaube, der auf bloßen Informationen basiert, z.B. Glaube an die Existenz eines Feuers, der daraus hergeleitet ist, daß in der Ferne aufsteigender Rauch gesehen wird.
2. *Ain-ul-Yaqeen*: Glaube, der daraus resultiert, daß mit eigenen Augen Feuer gesehen wurde.
3. *Haqq-ul-Yaqeen*: Glaube, der daraus resultiert, daß die Flamme berührt und die Hitze gespürt wurde.

3 Diese Tradition bezieht sich auf Abu Samar Umayya bin Ali ali Millat Saqfi, einen Poeten zu Zeiten des Heiligen Propheten. Er glaubte an einen Gott und gab in seinem Schriftwerk der Idee der göttlichen Einheit einen großartigen Ausdruck. Aus Eifersucht jedoch erklärte er seinen Glauben an den Heiligen Propheten nicht, sondern sehnte sich danach, selbst Prophet zu sein. Wenn der Heilige Prophet seine Reime, die vertieft waren im Konzept des einzigen Gottes, wiederholte, pflegte er zu sagen: »Seine Zunge ist gläubig, sein Herz aber ungläubig.« (Aus: Tarikh Adab Arbi von Ustad Ahmad Husan Ziyat)

4 Ein bedeutendes Symptom dieser perfekten Beziehung ist, daß, genauso wie Gott über alles dominiert, solch ein Mensch über seine Gegner und Widersacher dominiert. »Allah hat beschlossen: Gewiß werde Ich Mich und Meine Botschafter behaupten.«

5 Hier tut sich natürlicherweise die Frage auf, ob Moses, da es unter

seinen Anhängern viele Propheten gab, deshalb eine besondere Stellung einnahm. Die Antwort darauf heißt, daß all jene Propheten direkt von Gott ausgewählt waren. Moses hatte keinen Einfluß darauf, jedoch gab es unter den Anhängern des Heiligen Propheten (Friede und Segen Allahs seien mit ihm) Tausende heiliger Personen, aber es gibt auch den, der sein Anhänger und auch ein Prophet ist. Es kann kein paralleles Beispiel eines Propheten von solch großem Maße an spiritueller Fülle geben. Abgesehen von den Propheten waren alle anderen Anhänger Moses allgemein betrachtet mit unreifer Spiritualität behaftet. Ich habe schon aufgeführt, daß diese Prophetern nichts von Moses erhalten hatten, sondern direkt zu Propheten gemacht wurden. Unter den Anhängern des Heiligen Propheten aber erlangten Tausende Heiligkeit, nur indem sie ihm gefolgt sind.